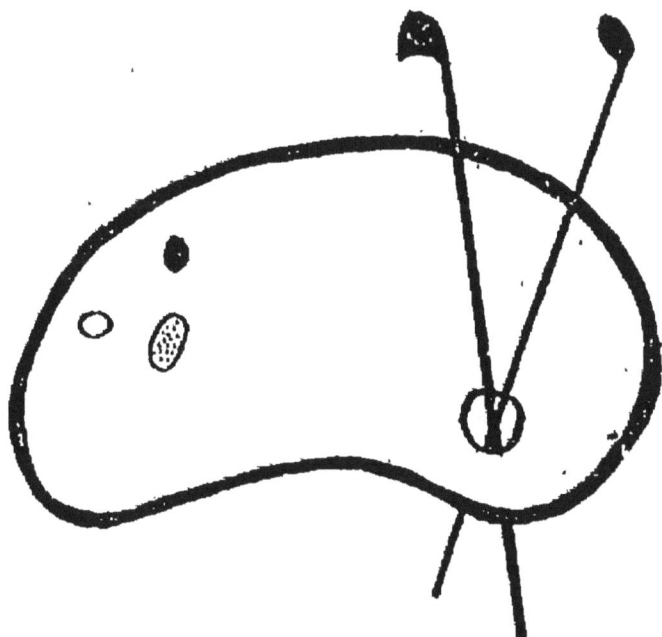

DEBUT D'UNE SERIE DE DOCUMENTS
EN COULEUR

# COLLECTION MARTELLI

### DE FLORENCE

# ESTAMPES

## ANCIENNES & MODERNES

### Mars 1858.

### 2me VENTE

**RENOU ET MAULDE,**
Impr. de la C.<sup>ie</sup> des Commissaires-Priseurs,
rue de Rivoli, 144.

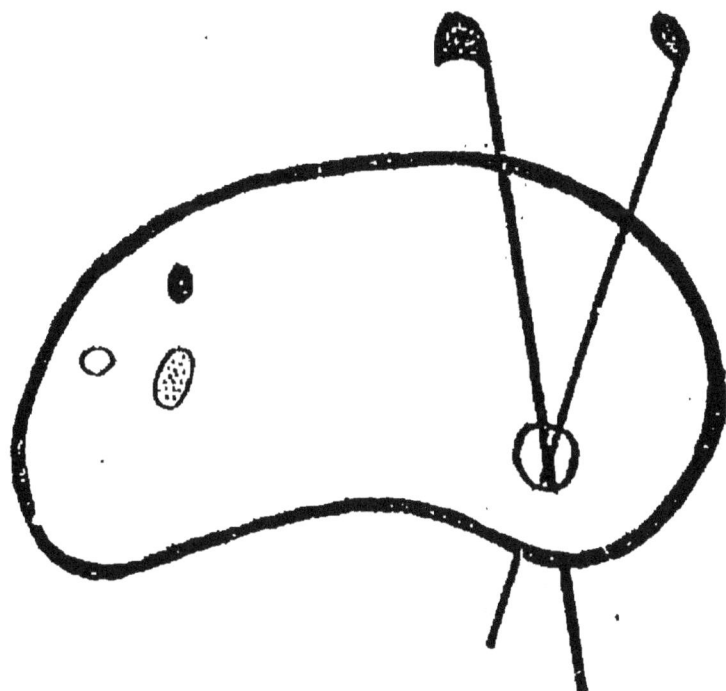

FIN D'UNE SERIE DE DOCUMENTS
EN COULEUR

COLLECTION MARTELLI

DE FLORENCE

—

# ESTAMPES ANCIENNES

## ET MODERNES

Deuxième Partie.

MARS 1858.

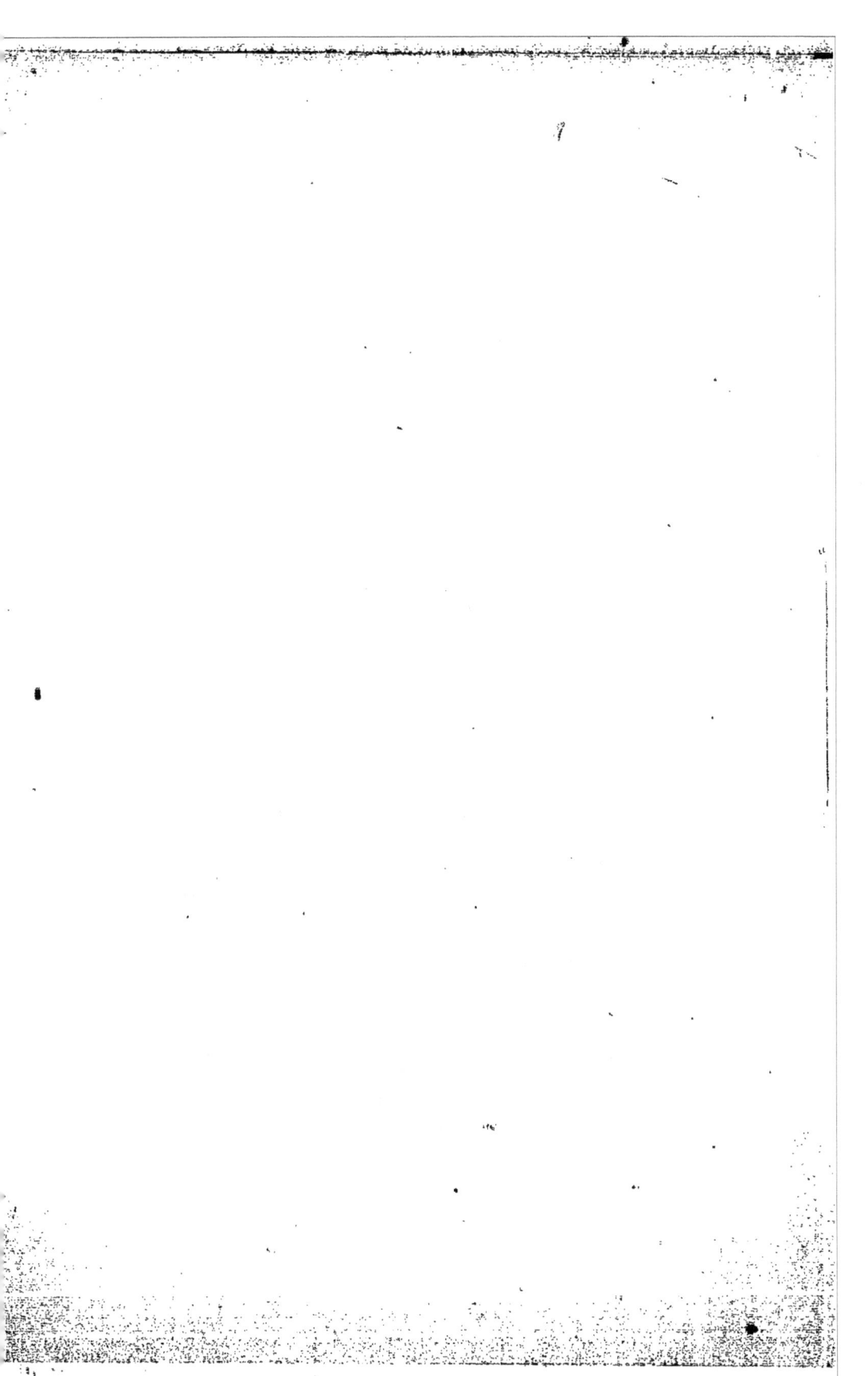

# CATALOGUE

## DE LA COLLECTION

# D'ESTAMPES

## ANCIENNES & MODERNES

## Du cabinet de M. MARTELLI, de Florence

DONT LA VENTE AURA LIEU

## HOTEL DES COMMISSAIRES-PRISEURS

## RUE DROUOT, N. 5

SALLE N. 3, AU 1er.

Les Vendredi 26 et Samedi 27 Mars 1858 à une heure

---

Par le ministère de M<sup>e</sup> **DELBERGUE-CORMONT**, Commissaire-Priseur,
rue de Provence, 8,

Assisté de M. **CLEMENT**, Marchand d'Estampes, rue des Saints-Pères, 3.

---

### EXPOSITION PUBLIQUE

Le Dimanche 21 Mars, de midi à cinq heures.

---

### PARIS

### RENOU & MAULDE

IMPRIMEURS DE LA COMPAGNIE DES COMMISSAIRES-PRISEURS

Rue de Rivoli, 144

1858

# AVERTISSEMENT.

Il y aura Exposition le matin de chaque Vacation, de onze heures à midi.

Les Expositions mettant à même MM. les Amateurs et Marchands de juger de la qualité et conservation des Estampes, il ne sera admis aucun cas rédhibitoire une fois l'adjudication prononcée.

Il sera perçu cinq pour cent en sus des enchères.

Un ordre de vacation sera délivré ultérieurement.

M. CLEMENT se charge des commissions qui lui seront adressées.

---

LE PRÉSENT CATALOGUE SE DISTRIBUE :

A PARIS .............. 
— Chez M. DELBERGUE-CORMONT, commissaire-priseur, rue de Provence, 8;
— M. CLEMENT, marchand d'estampes, rue des Saints-Pères, 3;
— M. POTIER, libraire, quai Malaquais, 11;

A LONDRES .......... 
— M. COLNAGHI, marchand d'estampes,
— MM. GRAVES et Cie;
— M. EVANS;

A AMSTERDAM ...... 
— MM. BUFFA et Fils;
— MM. BUFFA Frères;

A LEIPSICK .......... 
— M. DRUGULIN;
— M. WEIGEL;

A VIENNE .......... — MM. ARTARIA et Cie;
A LIÉGE ............. — M. VAN MARCK;
A ROTTERDAM.. . .. — M. LAMME;
A MANNHEIM....... — MM. ARTARIA et FONTAINE;
A MUNICH.......... — M. MONTMORILLON;
A BRUXELLES ....... — M. GERUSET, marchand d'objets d'art.

# DÉSIGNATION

# DES ESTAMPES

### ANDERLONI (Faustino).

1 — La Madeleine, d'après le Corrége.              5
Très-belle épreuve, lettre grise.

2 — Sainte Famille, d'après le Poussin.            9
Très-belle épreuve.

### ANDERLONI (Pietro).

3 — La Femme adultère, d'après le Titien.          46
    Moïse chassant les bergers, d'après le Poussin.
2 pièces. Très-belles épreuves.

### AUDRAN (Gérard).

4 — Les grandes Batailles d'Alexandre, d'après Le-  105
    brun.

    La Tente de Darius, gravée par
5 pièces. Belles épreuves avec l'adresse de Goyton.

5 — Le martyre de saint Gerva¹.              ¹bis,  2
    d'après Eustache Lesueur.
Très-belle épreuve.

6 — La Peste d'Éaque, d'après Mignard.

Les Noces de Cana, d'après P. Véronèse, par J. Saenradam.

2 pièces.

## BALECHOU (J. Joseph).

7 — La Tempête, le Calme et les Baigneuses, d'après J. Vernet.

Les deux premières avant les rnies. Belles épreuves.

## BARTOLLOZZI.

8 — Mort de lord Chatam, d'après Copley.

## BASAN.

9 — Soubise (Armand-Gaston de), prince de Strasbourg.

Belle épreuve.

## BEHAM (Hans Sebald).

10 — Adam et Ève chassés du Paradis. (7.)

Très-belle épreuve.

11 — Judith. (11.)

Belle épreuve.

12 — La Parabole de l'Enfant prodigue. (31 à 34.)

Suite complète.

13 — Cléopâtre (76.)

Très-belle épreuve.

14 — Les sept Planètes. (113-120.)  12.50

Suite de huit planches, compris le titre, qui est la 1re planche. Belles épreuves.

15 — Les sept Arts libéraux. (121 à 127.)  7

Suite complète. Belles épreuves.

16 — Les Danseurs. (154 à 163.)  11

Belles épreuves.

17 — Le Paysan à la fourche et son pendant. (188-189.)  11.50

Très-belles épreuves.

18 — Les trois Soldats et le Chien.  14.50

La Sentinelle près des tonneaux. (196-197.)

Très-belles épreuves.

19 — Les Armoiries de Hans Sebald Beham. (245.)  7.50

Très-belle épreuve.

20 — Les Armoiries au coq. (256.)  8

Belle épreuve.

21 — Cléopâtre, Trajan et divers sujets, dont les Danseurs.  18.50

11 pièces.

22 — Diverses pièces de ce maître, dont la Cléopâtre.

10 pièces.

— 4 —

## BELLE (Étienne de la).

23 — Deux pièces de la Fuite en Égypte, traitées différemment.

Très-belles épreuves.

4.50

24 — La Fuite en Égypte et deux sujets de Vierge.

3 pièces.

25 — La Fuite en Égypte.

Le Repos de la Sainte Famille.

2 pièces. Très-belles épreuves.

## BERNARDI.

1

26 — La Vierge allaitant l'Enfant Jésus, d'après L. de Vinci.

Belle épreuve.

## BERVIC (Charles-Clément).

18

27 — Le portrait de Louis XVI, d'après Callet.

Belle épreuve.

Le portrait de Louis XVIII, par Audoin.

2 pièces.

## BETTILINI.

10

28 — Le Christ au tombeau, d'après André Del Sarto.

Belle épreuve.

19

29 — La Madonna Col Divoto, d'après le Corrége.

Belle épreuve.

30 — Portrait de Galilée, d'après Passieriani.

1.50

Belle épreuve.

**31** — L'Adoration des Bergers, d'après V. Der Werff, et la Sainte Famille, d'après Raphaël, par Pavon.   *18.50*

Cette dernière avant la lettre.

### BOISSIEU (JEAN-JACQUES DE).

**32** — Saint Jérôme. (2.)   *13.50*

Belle épreuve. Nous avons suivis les numéros du catalogue Rigal.

**33** — Les Pères du désert. (3.)   *23*

Très-belle épreuve avant les mots du désert.

**34** — L'Écrivain public.   *5.50*

Les grands Tonneliers. (8-9.)

Très-belles épreuves.

**35** — Vieillard qui amuse, par ses gestes, un enfant. (12.)   *6*

Belle épreuve.

**36** — Le Maître d'école. (14.)   *5.50*

Belle épreuve.

**37** — Vieillard faisant l'aumóne. (16.)   *13.50*

Belle épreuve sur papier de Chine.

**38** — Vieillard faisant lire un enfant.   *8*

Morceau connu sous le nom du *petit maître d'école.*

Deux Enfants jouant avec un chien. (18-19.)

Belles épreuves.

*16*

39 — Peintre dans son atelier.

      Vieillard jouant du hautbois. (26-27.)

Belles épreuves.

*6*

40 — Vue du sépulcre de Cécilia Metella. (35.)

Belle épreuve.

*15*

41 — Vue du pont et du château de Sainte-Colombe.
      (39.)

Première épreuve sur papier de Chine avant que les morsures des deux étaux n'aient été effacées.

*10*

42 - - Deux vaches passant à gué une rivière. Morceau
      dit les Grandes Vaches. (56.)

Belle épreuve.

*8*

43 ·— Des hommes, au bord d'une rivière, retirant un
      noyé. (57.)

Très-belle épreuve.

*10.50*

44 — Un homme à cheval, un villageois et deux
      vaches passant à gué une rivière. (61.)

Très-belle épr. du 2e état, sur papier de Chine.

*28*

45 — Vieille chapelle entourée d'arbres. Paysage fai-
      sant pendant. (65-66.)

2 pièces. Belles épreuves du 2e état, sur papier de Chine.

*4.50*

46 — Entrée d'une forêt. (72.)

47 — Anesse avec son ânon couché. (77.)

*4*

Belle épreuve.

48 — Deux feuilles de têtes d'études (100-110.)

Belles épreuves.

           5

49 — Vieillard à front chauve.

       Vieillard avec un bonnet. (103-104.)

2 pièces. Belles épreuves.

50 — Le Repos des faucheurs. (139.)        6

Belle épreuve.

51 — Le Charlatan, d'après le tableau de Karel du    10
       Jardin. (140.)

Belle épreuve.

### BRUNA (DELLA).

52 — La Visitation, d'après Albertinelli.      2.1

Belle épreuve lettres grises.

### CALAMATTA (LUIGI).

53 — Le Christ marchant sur les eaux, d'après Ci-    1.50
     goli.

Belle épreuve.

### CALLOT (JACQUES).

54 — La Tentation de saint Antoine.       17

Grande pièce en largeur en deux feuilles réunies. Fort rare.

55 — Le Purgatoire.          17

Grande pièce en largeur composée de quatre feuilles réunies. Cette
pièce, connue sous le nom du Puits, est rare.

# CALLOT (Jacques).

**14.50**    56 — Trois pièces. Pantalon, Scaramouche, etc.

Belles épreuves

**18**    57 — Costumes de seigneurs et dames de la cour, villageoises, etc,

23 pièces.

**5**    58 — Portrait de Dominique Peri, et titre pour son ouvrage.

2 pièces très-rares.

**6**    59 — Portrait de Donatus Antellensis, sénateur florentin.

Très-rare.

**11.50**    60 — Le portrait de Callot, par Moncornet.
Le portrait de François Médicis.

Titre pour les statuts de l'ordre des chevaliers de Saint-Étienne.

3 pièces. Rare.

**12.50**    61 — Le portrait équestre de Louis de Lorraine.
Le portrait de Claude Dervet.

2 pièces. Belles épreuves.

**32**    62 — Vues de Paris prises de la tour de Nesle, dont une double.

Le Jeu de boule.

Le Passage de la mer Rouge avec le flot.

5 pièces.

63 — Carrière de Nancy.

    Parterre du Palais de Nancy.

2 pièces. Belles épreuves.

                                                        7

64 — Tragédie de Soliman.

6 pièces, dont une en hauteur. Très-belles épreuves.

                                                 14.50

## CANTINI.

66 — Le Christ marchant sur les eaux, d'après Cigoli.

Belle épreuve lettres grises.

                                               3.50

67 — La Cène, d'après André del Sarto.

Très-belle et rare épreuve non terminée.

                                               5

68 — La même estampe terminée par Rivera.

Superbe épreuve avant la lettre. Les noms à la pointe.

                                             34

## CERCEAU (Androuet du).

69 — Panneau d'ornements.

Pièce rare.

                                             18

## CUNÉGO (Dom).

70 — Élisabeth Potocki.

    Winkelman.

Épreuve avant la lettre. 2 pièces.

                                             5

## DAULLÉ (JEAN).

6

71 — Pelissier (M<sup>lle</sup>), d'après Drouais (H).

Très-belle épreuve.

## DAULLÈ.

10.50

72 — Mignard (Catherine), comtesse de Feuquière, d'après Mignard.

Belle épreuve.

## DESNOYERS (AUG. BOUCHER).

42

73 — La Vierge aux rochers, d'après Léonard de Vinci.

Belle épreuve avec le cachet à deux têtes.

41

74 — La belle Jardinière, d'après Raphaël.

Ancienne et belle épreuve.

## DORIGNY (NICOLAS).

7

75 — La Transfiguration, d'après Raphaël.

La Descente de croix, d'après D. de Volterre.

Premières épreuves avant le mot : Eques.

## DREVET (PIERRE).

9

76 — Debret (M<sup>me</sup>) en Cérès, d'après H. Rigaud.

Très-belle épreuve.

6

77 — Nicolas Lambert, d'après Largillière.

Très-belle épreuve.

78 -- Maria Serre, d'après Rigaud.    4

Belle épreuve.

79 —· Girardon (François), sculpteur, d'après Vivien.    3·50

Belle épreuve.

80 — Oswald (Henri), cardinal d'Auvergne, d'après    5
    Rigaud.

Belle épreuve.

81 -- Rohan (Armand-Gaston), cardinal, d'après Ri-    5
    gaud.

Belle épreuve.

82 --- Titon (François), d'après de Largillière.    3·50

Belle épreuve.

83 — Orléans (Louise-Adélaïde d'), abbesse de Chelles.    8

Belle épreuve.

84 — Fourcy (Balthazar-Henri de), d'après Rigaud.    10

Très-belle épreuve.

85 — Maine (Louis-Auguste de Bourbon, duc de),    5
    d'après De Troy.

Belle épreuve.

86 — Lambert (Hélène), d'après de Largillière.    11

Très-belle épreuve.

87 —· Keller (Jean-Baptiste), d'après Rigaud.    5

Belle épreuve.

5     88 — Bignon (Jean-Paul), abbé de Saint-Quentin, d'après Rigaud.

Très-belle épreuve.

4     89 — Christian de Guldenleu, chambellan du roi de Danemarck, d'après Rigaud.

Belle épreuve.

11     90 — Philippe V, roi d'Espagne, d'après Rigaud.

Belle épreuve.

8     91 — Bernard (Samuel), d'après Rigaud.

5     92 — Lesdiguières (Créquy, duc de), d'après Rigaud.

Pièce allégorique, d'après Coypel.

2 pièces. Belles épreuves.

2.50     93 — Marie Cadesne, femme de M. Desjardin.

Catherine de Sesne, par Lépicié.

2 pièces.

1     94 — Cromwel (Olivier), d'après Wander Werff.

Belle épreuve.

## DURER (Albert).

11.50     95 — Adam et Ève. B. (1.)

Pièce capitale du maître.

6     96 — L'homme de douleurs aux bras étendues. (20.)

L'homme de douleurs aux mains liées. (21.)

Rare.

La Trinité. (27.)

3 pièces.

97 — La Vierge aux cheveux longs liés avec une ban-
delette (30.)               5

Belle.

La Vierge à la couronne d'étoiles. (31.)

La Justice. (79.)

3 pièces.

98 — La Vierge donnant le sein à l'Enfant Jésus.
(36.)               *19*

Belle épreuve.

99 — La Vierge couronnée par un ange. (37.)               *19*

Belle épreuve.

100 — La Vierge avec l'Enfant emmailloté. (38.)               *14*

La Vierge assise au pied d'une muraille (40.)

2 pièces. Belles épreuves.

### V. DYCK (D'après).

101 — Wael (Corneille et Lucas de), par W. Hollar.               2

Belle épreuve, avec l'adresse de Meyssens.

102 — Ferdinand III, empereur d'Allemagne, par C.
Galle.               *5.50*

Antoine de Tassis, par J. Neeffs.

Quentin Simon, par P. de Jode.

3 pièces.

3.25    103 — Charles I<sup>er</sup>, Shelte à Bolswert, etc

Quatre portraits par Lommelin.

104 — Martin Rychard, par J. Neefs.

Andreas Van Ertevelt, par S. à Bolswert.

Le prince Mansfeld, par R. Van Voerst.

3 pièces.

6.50    105 — Quatre portraits, dont celui du comte Henri
Van den Berghe.

106 — Le portrait de Thomas Howard, par Hollar.

Henri, comte de Papenheim, par G. Galle.

Paul de Vos, par Bolswert.

3 pièces.

5.50    107 — Trois portraits de femme, par Hollar et Gay-
wood.

10    108 — Frederich de Marselaer, par Lommelin.

François de Moncade, par Vosterman.

Marie d'Autriche, par G. Galle.

3 pièces.

11    109 — Les enfants de Charles I<sup>er</sup>, les fils du duc de
Lennox, et un autre portrait,

3 pièces en manière noire.

8.50    110 — Nassau (Jean, comte de), gravé par Baron.

Belle épreuve.

111 — Charles-Quint à cheval.                                          10

    Bentivoglio (cardinal), assis.

2 pièces.

### EARLOM (RICHARD).

'12 — Barrington.                                                      8

Avant la lettre.

    Lord Camden, par Ravenet. Deux portraits
    d'après Reynolds.

113 — Les Fleurs et les Fruits, d'après Van Huysum.                    49

2 pièces. Belles épreuves.

114 — La Forge, d'après Wright.                                        4

Belle épreuve.

### EDELINCK (GÉRARD).

115 — Le Christ aux anges, d'après Lebrun.                             26

Belle épreuve.

116 — Montarsis (277.)                                                 8

    Le comte de Toulouse (320.)

2 pièces. Belles épreuves.

117 — Louis XIV (R. D. 254).                                           11

    Mansard (Hardouin). (268.)

2 pièces. Belles épreuves.

## FABRI (A.).

69

118 — Quatre pièces faisant suite aux chambres du Vatican, gravées par Volpato et Morghen, d'après Raphaël.

Belles épreuves.

## FELSING (G.).

9

119 — Le Mariage de sainte Catherine, d'après le Corrége.

Très-belle épreuve.

23

120 — Le Joueur de violon, d'après Raphaël.

Très-belle épreuve, papier de Chine, avant toute lettre.

15

121 — Le Christ au Jardin des Oliviers, d'après Carlo Dolce.

Belle épreuve.

41

122 — La Sainte-Famille, d'après Overbech.

Très-belle épreuve.

## FORSTER (François).

10

123 — Portrait d'Albert Durer, d'après lui-même.

Belle épreuve.

# ÉCOLE FRANÇAISE.

### BOSSE (Ab.).

125 — L'Atelier du sculpteur.                    4.50
  Superbe épreuve.

### BOUCHER et HUET.

126 — Quatre pièces d'après Boucher et Huet, par    29.50
  Demarteau, imprimé aux trois crayons.
  Très-belles épreuves.

### BOUCHER (D'après).

127 — Trois pièces, dont Vénus. Gravées au crayon    20
  rouge, par Demarteau.
  Belles épreuves.

128 — Vénus et l'Amour.                          10
  Charmante pièce, épreuve avant la lettre.

### CARÈME (Pintu.), d'après.

129 — La Dame de charité et le Philosophe charitable.    2
  2 pièces par Voyez. Belles épreuves.

### CHARDIN (D'après).

                                                 10
130 — Le Négligé, gravé par Lebas.
  Belle épreuve.

                                           2

## EISEN (D'après).

3    131 — L'École flamande et l'École hollandaise, par Ouvrié.

2 pièces. Belles épreuves.

3    132 — L'Action et le Repos, gravés par Dupuis.

2 pièces. Belles épreuves.

## LANCRET (D'après).

23    133 — Les quatre Ages, gravés par de Larmessin.

4 pièces. Belles épreuves.

27    134 — Les quatre Saisons, par Scotin, etc.

4 pièces. Belles épreuves.

38    135 — Les quatre Éléments, par Tardieu, etc.

4 pièces. Belles épreuves.

3.50    136 — Les Oies du frère Philippe et frère Luce, d'après le Chevalier Vleughes, par de Larmessin.

2 pièces. Belles épreuves.

7.50    137 — Le Jeu du Pied de Bœuf et une autre pièce. (*Veux-tu, belle inhumaine?*) Par de Larmessin.

Belles épreuves.

## LAUREINCE (D'après).

14.50    138 — La Comparaison, par Janinet.

Belle pièce imprimée en couleurs. Très-belle épreuve.

## LECLERC (Sébastien).

139 — L'Académie des sciences, Alexandre entrant à Babylone et deux autres pièces d'après lui.          4

## LECLERC (D'après).

140 — L'Abbé en conquête.          18

L'Ermite en quête.

2 pièces. Belles épreuves.

## NATOIRE.

141 — Les quatre Saisons, en largeur, gravées par lui-même et terminées par Aveline et autre.          8

Belles épreuves.

## NATOIRE (D'après).

142 — Les quatre Éléments, gravés à l'eau-forte par De la Live, amateur.          1

Belles épreuves.

## POUSSIN (Nicolas) D'après.

143 — L'Adoration des Bergers, la Fuite en Égypte, etc. par Audran et Baudet.          9.50

4 pièces.

144 — Coriolan se laissant fléchir par les prières de sa mère.

Le Baptême de Saint-Jean et Pyrrhus, par G. Audran.

3 pièces.

11

145 — Cinq pièces, dont le Veau d'or, par Baudet et autres.

## WATTEAU (D'après).

20

146 — Le portrait de M. de Jullienne et de Watteau, gravé par Tardieu.

Très-belle épreuve.

15.50

147 — Louis XIV mettant le cordon au cou du duc de Bourgogne, gravé par de Larmessin.

Très-belle épreuve.

30

148 — Les quatre Saisons, gravées par Tardieu, etc.

4 pièces. Belles épreuves.

11.50

149 — Arlequin jaloux, par Chedel.

Très-belle épreuve.

16

150 — La Diseuse d'aventure, par Cars.

Très-belle épreuve.

10

151 — Le Lorgneur, par Scotin.

Très-belle épreuve.

10

152 — L'Accord parfait, par Baron.

Très-belle épreuve.

5.50

153 — La Famille, par Aveline.

Très-belle épreuve.

7

154 — Bon voyage, par B. Audran.

Très-belle épreuve.

155 — La Finette et Mezzetin, par B. Audran.  17.50

2 pièces. Belles épreuves.

156 — Composition de cinq personnages (sous un ha-  2.50
bit de Mezetin), par Thomassin.

Très-belle épreuve.

157 — Deux pièces. Sujets d'enfants, par Tardieu.  13.50

Très-belles épreuves.

158 — Deux pièces. Arlequin et Pierrot, par Cochin.  6.50

Belles épreuves.

159 — Le Docteur et le Conteur de fleurette.  5

2 pièces. Belles épreuves.

160 — Escorte d'équipage et la famille.  11

2 pièces. Belles épreuves.

161 — L'Amour paisible, par J. de Favannes.  39

Très-belle épreuve d'une jolie pièce.

162 — La Madeleine, le saint Charles, d'après Lebrun.  13.50
Deux pièces gravées par Edelinck.

La Suzanne au bain, gravée par Porporati.

3 pièces. Belles épreuves.

## GANDOLFI.

163 — Sainte Cécile, d'après Raphaël.  16

Belle épreuve.

12    164 — Judith portant la tête d'Holopherne, d'après Allori.

Très-belle épreuve, lettre grise.

## GARAVAGLIA.

16    165 — L'Enfant Jésus entouré d'anges, d'après C. Maratte.

Belle épreuve.

18    166 — David tenant la tête de Goliath, d'après le Guerchin.

Très-belle épreuve avant la lettre.

8    167 — Béatrice Cenci, d'après le Guide.

Belle épreuve.

161    168 — La Vierge à la chaise, d'après Raphaël.

Magnifique épreuve avant la lettre.

6.50    169 — La Madeleine, d'après C. Dolci.

Belle épreuve.

19    170 — Agar et Ismaël, d'après le Baroche.

Belle épreuve.

21    171 — L'Assomption de la Vierge, d'après Guido Reni.

Première épreuve non terminée de la planche commencée par Caraglia, et achevée ensuite par Anderloni.

## GUADAGNINI.

38    172 — D'après le Guide.

Belle épreuve, lettres grises.

## GOLTZIUS (Henri).

173 — Adoration des rois.

La Circoncision.

La Visitation. Trois pièces de la suite des chefs-d'œuvre ; plus une Sainte-Famille, par C. Galle.

4 pièces.

*10*

174 — Dix pièces par ce maître, Corneille Galle, etc.

*3*

## HENRIQUEZ (B.-L.).

175 — Voltaire (Arouet de), en buste.

Le même personnage assis dans sa bibliothèque, par J. Lante.

2 pièces. Belles épreuves.

*6*

## HOOGHE (Romain de).

176 — Le Triomphe de Jean Sobieski.

Curieuse pièce historique.

*6*

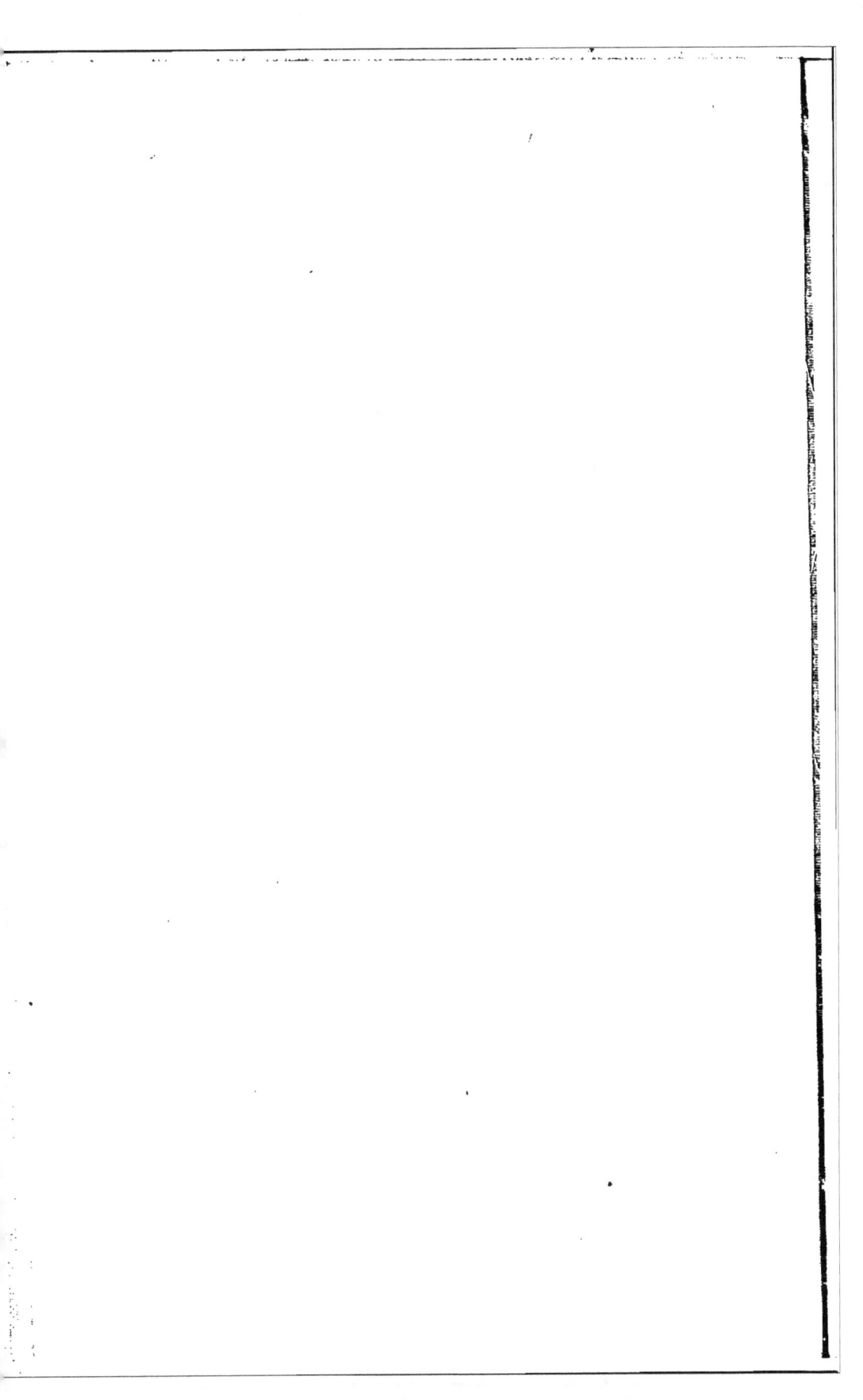

# ÉCOLE ITALIENNE.

## MANTEIGNE (par et d'après).

177 — Trois pièces, dont le calice, etc.     *29*

178 — Neuf pièces, dont les Triomphes, la Descente aux limbes, etc.     *12*

## RAIMONDI (D'après M. Antoine).

179 — Dix pièces de la suite des petits saints et saintes, plus une Vierge et l'Enfant Jésus, par M. de Ravenne.     *38*

    11 pièces.

180 — Panneaux d'ornements peints par Campagnola pour l'église Sainte-Justine.

    6 pièces.

181 — Sainte-Famille, l'Annonciation, etc., par Cantarini et autres, d'après le Carrache, etc.

    3 pièces. Belles épreuves.

182 — Cinq pièces, dont David coupant la tête à Goliath, par J.-B. Ghisi.

       L'Annonciation par Chérubin Alberti, etc.     *5*

183 — Quatre pièces, d'après Raphaël, Poussin, etc., dont la Sainte-Famille, par Pavon, etc.     *14.50*

## PERUGIN (D'après P.)

29

184 — Trois pièces. Les Sybilles et les Prophètes, etc., plus la Transfiguration de N.-S., d'après les célèbres peintures du Pérugin, dans le collége del Gambio, à Pérouse.

Très-rares.

12.50

185 — Cinq pièces, d'après Raphaël, etc., dont le Repos en Égypte, par Volpato, Daco, etc.

15.50

186 — Huit pièces, d'après Murillo, etc., dont sujets de Vierges, saints, etc.

8

187 — Quatre pièces, d'après Dolci et Allori, dont la sainte Marguerite, reine d'Écosse, vierge, etc.

5

188 — Cinq pièces, d'après C. Dolci et autres, dont la Madeleine, par Biondi.

4

189 — Quatre pièces, dont la Reine des anges, par divers.

12

190 — Cinq pièces, d'après Raphaël, dont la Vierge dite del Impannata et la Vision d'Ézéchiel, etc.

13

191 — Cinq pièces. Sujets de Vierges, d'après Raphaël, Biondi Nocchi, etc.

26

192 — Quatre pièces, d'après Raphaël, dont la Vierge à la Perle, par divers graveurs.

193 — Quatre pièces, d'après Sasso Ferrato, etc., dont la Vierge de douleurs, par Biondi et A. Morghen.    7.50

Belle.

194 — La Galathée, d'après Raphaël, et les trois Parques, d'après M. Ange.    9.50

2 pièces.

195 — Cinq pièces. Composition d'après An. Carrache, le Guide, etc., par divers graveurs.    12

196 — Trois pièces, d'après Raphaël, Pérugin et le Titien.    9.50

La Madeleine, la Fornarina et la Flore.    8

197 — Le saint Jean, d'après Raphaël, et la Vierge et l'Enfant Jésus, d'après le Corrége, par Biondi et della Bruna.

198 — Quatre pièces, d'après An. Carrache, etc., dont le saint Jean, par Garavaglia.    10

199 — Cinq pièces, d'après le Guide, dont saint Joseph, Vierges, etc.    7

### JESI.

200 — La Vierge de la cathédrale de Lucques, d'après fra Bartholomeo.    22

Belle.

201 — Léon X, d'après Raphaël.    28

Très-belle épreuve de souscription.

11

202 — La Vierge et l'Enfant Jésus, d'après Raphaël.

Belle épreuve.

15

203 — Agar répudiée, d'après le Guerchin.

Très-belle épreuve.

## LASNE (MICHEL).

4

204 — Mazarin.

François de Chanvallon.

Le président Achille de Harlay.

3 pièces.

## LECOMTE (N.).

10

206 — Là Vierge et l'Enfant Jésus, d'après le Francia.

Très-belle épreuve.

## LONGHI (J.)

14.50

207 — Le Christ mis au tombeau, d'après Crispi.

Très-belle.

31

208 — La Vierge au lac, d'après L. de Vinci.

Première épreuve avant la dédicace.

180

209 — Le Mariage de la Vierge, d'après Raphaël.

Très-belle épreuve de souscription portant le n° 286.

31

210 — La Vierge dite à la Bénédiction , d'après Raphaël.

Belle.

## LONGHI et TOSCHI.

211 — La Vierge, l'Enfant Jésus et saint Jean, d'après Raphaël.  *30*

Très-belle.

## MASSON (A.).

212 — Jésus-Christ à Émaüs, pièce dite la Nappe, d'après le Titien.  *17*

213 — Le comte d'Harcourt, dit le Cadet à la Perle.  *14*

## MERCURI (P.).

214 — Sainte Amélie, d'après P. Delaroche.  *26*

Ancienne et belle épreuve.

## MORGHEN (RAPHAEL).

215 — L'Arioste, le Dante, le Tasse, Pétrarque et Boccace.  *36*

5 pièces. Belles épreuves.

216 — Le portrait de Léonard de Vinci.  *8*

Belle.

217 — Le portrait de Moncada, d'après V. Dyck.  *24*

Belle épreuve avant les contretailles sur la cuirasse.

*29*

218 — La Jurisprudence et la Vierge au sac, d'après Raphaël et André del Sarto.

2 pièces. Belles épreuves.

*10*

219 — Le Vierge au sac, d'après André del Sarto.

Belle épreuve.

*19*

220 — Les trois Ages, d'après Gérard.

Belle épreuve.

*750*

221 — La Transfiguration, d'après Raphaël.

Superbe épreuve avant la lettre.

*73*

222 — La Transfiguration, d'après Raphaël.

Belle épreuve.

*205*

223 — La Cène, d'après Léonard de Vinci.

Ancienne épreuve.

*51*

224 — La Cène, d'après Léonard de Vinci.

Ancienne épreuve très-belle.

*27*

225 — Jésus-Christ et la Madeleine, d'après le Baroche.

Très-belle.

*9*

226 — Le Tombeau de Clément XIII, d'après Canova.

Belle.

*72*

227 — Le Char de l'Aurore.

Épreuve avant la lettre. En mauvais état.

228 — L'Adoration des Bergers, d'après Raphaël Mengs, et une eau-forte rare de la mort d'une sainte visitée par saint Antoine de Padoue. — 17

229 — Angélique et Médor, d'après Matteini. — 10

Belle.

230 — Vues de la campagne de Rome. — 6.50

8 pièces rares.

231 — Meyer. — 11.50

Antoine Pittaro, docteur.

Rossini, Pucini.

Michel-Ange.

Avant la lettre et eau-forte. 7 pièces.

232 — Portrait de Raphaël. — 17

La Fornarina.

2 pièces. Belles épreuves.

233 — Loth et ses filles, d'après le Guerchin. — 16

Très-belle épreuve avant la lettre.

234 — Deux figures antiques sur la même planche. — 3

Thésée et le Minotaure, d'après l'antique.

2 pièces.

235 — Le Repos en Égypte. — 21

La Danse des Heures, d'après le Poussin.

2 pièces. Belles.

4.50   236 — Thalie et le portrait de G. de Nassau.
      2 pièces.

8   237 — Napoléon, d'après Tofanelli.
      Laurent de Médicis.
      2 pièces.

7.50   238 — La Magdeleine, d'après C. Dolci.
      Le Christ dilectus inter filios, d'après C. Dolci.
      Le Christ, d'après L. de Vinci.
      3 pièces. Belles épreuves.

15   239 — Thalie
      La famille de Holstein.
      2 pièces. Belles épreuves.

      240 — Le médaillon de Louis XVIII.
      Avant la lettre.
12.50   Charles IV.
      Ferdinand IV.
      3 portraits. Rares.

      241 — Le portrait de Guillaume de Nassau.
      Belle épreuve avant la lettre.

3.50   242 — Le portrait de Trivulce de Milan.
      Belle épreuve avant toutes lettres. Rare.

3   243 — Le portrait de Napoléon, d'après Tofanelli.
      Belle épreuve.

244 — La chasse de Diane, d'après le Dominiquin.   **30**

Apollon et les Muses, d'après R. Meny.

2 pièces. Très-belles.

245 — La Charité, d'après le Corrège.   **8.50**

Très-belle épreuve.

246 — La Poésie, la Justice, la Philosophie et la   **51**
Théologie, d'après Raphaël.

4 pièces. Belles épreuves.

247 — La Peinture et la Poésie, d'après Hamilton.   **6**

2 pièces. Belles.

248 — La Vierge et l'enfant Jésus, d'après Garofolo.
Sainte Marie Carmélite enlevée au Ciel.
Miracle de sainte Madeleine de Passi.

3 pièces. Belles.

249 — Adeodato Turchy, évêque.   **16**

Le pape Pie V.

2 pièces. Belles.

250 — Le portrait de Jésus-Christ, d'après Léonard de   **2.50**
Vinci.

La vraie figure de la sainte Vierge Marie, d'ap.
le Caravage.

2 pièces.

251 — La Vierge et l'enfant Jésus, d'après Louis Car-   **13.50**
rache (Petite pièce).

Très-belle épreuve avant la lettre.

3

99 252 — La Vierge à la Chaise.
Belle épreuve avant la lettre.

15 253 — La Vierge à la Chaise.
Eau forte. Très-rare.

50 254 — La Vierge à l'oiseau, d'après Raphaël.
Très-belle.

31 255 — La Vierge et l'enfant Jésus, d'après le Titien.
Très-belle.

4.50 256 — Canova, Goldoni, et une petite médaille grecque.
3 pièces. Rares.

30 257 — Portrait de Moncade.
Belle épreuve avant les contretailles.

13 258 — Portrait de Boccace.
Belle épreuve. Lettres grises.

7.50 259 — Portraits de Canova, Ph. de Néré, grand-duc
Ferdinand de Toscane.
6 pièces.

27 260 — Portrait de Louis XVIII.
Épreuve avant toutes lettres. Très-rare.

5 261 — Les armes de la famille Cassano, et tombeau du
sénateur Bartolini.
2 petites pièces avant la lettre. Très-rares.

50 262 — Léonard de Vinci.
Avant la lettre.

263 — Portraits de Volpato, Alfieri, Machiavel, etc. etc.     B.50

5 pièces. Belles.

264 — Le portrait de la femme de Morghen.     9

Buste du poète Tantoni.

Et le portrait d'Algarotti.

3 pièces.

265 — Buste de Jupiter d'Éphèse.     1

Et vignette pour les noces de Germanicus.

2 pièces.

266 — Charles III, roi d'Espagne.     1

L'archiduc Ferdinand.

La reine d'Étrurie et l'infant d'Espagne.

Deux petits médaillons sur la même feuille.

3 pièces.

267 — Le portrait de Léon X.     8

Avant la lettre.

Et le portrait du Dante.

2 portraits en ovale.

268 — Quatre petits portraits de femme.     6.50

Avant la lettre. Très-rare.

269 — Le buste de la Fornarine.     7.50

Gravé sur une planche d'argent. Extrêmement rare.

*11.50* 270 — Benvenuto Cellini.

Machiavel.

Avant la lettre ; 2 portrait en ovale.

*5.50* 271 — La Magdeleine, et le Christ, d'après Carlo Dolci.

2 pièces. Belle épreuve.

*8.50* 272 — La belle Laure, d'après Simon Memue.

Très-belles épreuve avant toutes lettres.

*2.50* 273 — Médaille pour un personnage célèbre, portrait de d'Elci.

L'Ange Gabriel.

Imprimé en rouge.

Une Vierge d'Antoine Morghen.

Avant la lettre. 4 pièces. Rares.

*5* 274 — La grande-duchesse de Toscane.

Le portrait de Canova.

Et un autre portrait en pied.

3 pièces. Très-rares.

*12* 275 — Le Christ, d'après Carlo Dolci.

Belle épreuve avant la lettre.

*7.50* 276 — La Vierge, l'enfant Jésus et saint Jean, d'après André del Sarte.

Avant la lettre.

277 — Têtes de lettres ; la 1re, pour Murat, général de l'armée d'Italie ; — la 2e, pour bons de Monts-de-Piété ; — la 3e, brevet de l'Académie de Florence.                                                    12.50

3 pièces. Très-rares.

278 — Jeanne d'Aragon, d'après Raphaël.                            83

Magnifique épr. d'artiste avant toutes lettres.

279 — P. de Filangieri, plus trois pièces non terminées, dont la Mère de douleur, une étude pour la peste, etc.                                                       3.50

En tout six pièces. Rares.

280 — Sainte Famille, d'après Rubens.                              30
Saint Jean dans le désert, d'après le Guide.

2 pièces. Belles.

281 — Portraits du prince de Metternich, de R. Morghen, Alexandri, sénateur, etc.                             14

4 pièces.

282 — La Vierge du palais Pitti, d'après Raphaël.                  47
Belle.

283 — La Madeleine, d'après Murillo.                              35
Très-belle.

284 — Portrait de Michel-Ange, l'une des dernières planches du maître.                                          12.50

Belle épreuve avant la lettre.

10.50    285 — Laurent de Médicis.

> Belle épreuve avant la lettre.

3    286 — Le buste de Gustave de Pologne.

> Épreuve non terminée. On ne connait, en Italie, que trois épreuves, la planche n'ayant pas été publiée.

5.50    287 — Médaillons et culs-de-lampes.

> 9 pièces. Très-rares.

42    288 — La Poésie, d'après Carlo Dolci.

> Très-belle épreuve avant la lettre.

7.50    289 — La Vierge à la Chaise (réduction de la grande planche).

> Belle.

19    290 — Le Sauveur, d'après Carlo Dolci.

> Belle épreuve avant la lettre.

4.50    291 — Louis XVIII, d'après Augustin.

> Très-belle épreuve papier de Chine. Portrait rare.

126    292 — La Fornarina.

> Belle épreuve avant la lettre.

## MORGHEN et VOLPATO.

103    293 — L'école d'Athènes, la dispute du Saint-Sacrement, etc.

> 8 pièces dites les Stanzes de Raphaël. Très-belles épreuves.

## A. MORGHEN.

294 — La Vierge au Baldaquin, d'après Raphaël,
Et une Sainte-Famille.                        9.50

## MORIN (J.).

295 — Berthier (Pierre), évêque de Montauban. R. D.
44.
                                                } 3.50
296 — Gesvres (François Potier, marquis de). R. D.
53.

Belle épreuve.

## MULLER (Jean).

297 — La Vierge et l'enfant Jésus.               5

Le baptême de N.-S.

Plus deux pièces par Matham (La Cuisinière et
objets de nature morte).

4 pièces. Belles épreuves.

## MULLER (J.,G.).

298 — Le portrait de Wille, graveur célèbre.     9
Belle.

## MULLER (F.).

299 — La Madonna di San Sisto, d'après Raphaël.  199
Très-belle épreuve avant la retouche.

## NANTEUIL.

**3**

300 — Barberin (le cardinal) (28).
Letellier (Michel) (133).
Mazarin (Jules) (186).

3 pièces.

**5.50**

301 — Louis Hesselin (109).
Lionne (Hugues de) (146,.
Séguier (Pierre) (223).

3 pièces.

**6.50**

302 — Boileau (Gilles) (43).
Barillon de Morangis (34).
Péréfixe de Beaumont (212).
Bellièvre (Pompone de) (36).

4 pièces.

**6-50**

303 — Dony d'Attichy (83).
Loménie de Brienne (148).

2 pièces.

**9-50**

304 — Beaufort (François de Vendôme, duc de). B. 33.
Belle épreuve du 1er état.

**9**

305 — Bosquet (François). R. D. 44.
Très-belle épreuve.

**1.50**

306 — Chaubart. R. D. 64.
Belle épreuve.

307 — Bragelonne (Marie de). R. D. 57.
      Mazarin (Jules). R. 175.
  2 pièces.

*4.50*

308 — Bouillon (Godefroid, duc de), grand-chambel-
      lan de France. R. D. 50.
  Belle épreuve.

*4*

309 — Colbert (Jean-Baptiste). R. D. 72 2ᵉ état.
      Mazarin (Jules). R. D. 180.
  2 pièces.

*7*

310 — Dupuy (Pierre). R. D. 88.
      Lecoigneux (Jacques) (125).
  2 pièces.

*1*

311 — Lallemant (Pierre). R. D. 117.
  Belle épreuve du 1ᵉʳ état.

*8*

312 — La Meilleraye (Charles de la Porte, duc de).
      R. 118.
  Belle épreuve.

*~~26~~*

313 — Loret (Jean), poëte. (R. D. 150.)
      Christine de Suède. (R. D. 67.)
  2 pièces.

*26*

314 — Matignon (Léonor-Goyon de), évêque de Cou-
      tances (R. D. 172).
  Belle épreuve du 1ᵉʳ état.

*6*

315 — Mouy (Henry de Lorraine, marquis de). (R. D.
      197.)
  Belle épreuve du 1ᵉʳ état.

*4*

316 — Payen Deslandes (Pierre). (R. D. 210.)

Très-belle épreuve avec la signature de P. Mariette, 1676.

**6.50**

317 — Barberin, cardinal.

Mazarin (Jules).

Jeannin (le président).

Plus une partie en contre-partie de ce dernier.

4 pièces.

**6.50**

318 — Novion (Nicolas Potier de). (R. D. 207.)

Scudéri (Georges de). (R. D. 221.)

2 pièces. Belles épreuves.

**12.50**

319 — Servien (François de), évêque de Bayeux. (R. D. 225.)

Belle épreuve du 1er état.

**8.50**

320 — Chapelain, Marin Cureau de La Chambre, Sarrazin, marquis de Maisons, Chamillard, etc.

7 pièces.

## NOCCHI (P.).

**23**

321 — La Vierge à l'oiseau, d'après Raphaël.

Belle épreuve papier de Chine avant la lettre.

**24**

La même.

Papier de Chine.

## PAVON (J.).

**14**

322 — La Vierge à l'oiseau.

Épreuve d'artiste avant toute lettre.

323 — Saint Jean et la Madeleine, d'après le Dominiquin et Schidone.                                          4

324 — La madone de Foligno, d'après Raphaël.              20
  Belle épreuve.

## PENCZ (GEORGES).

325 — Arthémise, Thétis et Chéron. (83. 90.)              7
  2 pièces.

## PERFETTI.

326 — La Nativité de la Vierge, d'après A. del Sarto.     31
  Très-belle épreuve.

327 — Présentation au Temple, d'après Fra Bartholomeo.                                                    23
  Très-belle, lettres grises.

## PESNE (JEAN).

328 — Poussin (Nicolas), d'après lui-même.               3.50
  Belle épreuve.

## PERFETTI.

329 — La bella di Titiano, d'après le Titien.            28
  Très-belle.

330 — La Vierge à la chaise, d'après Raphaël.            26
  Belle.

9    331 — La Vierge et l'enfant Jésus, d'après Raphaël.
     Belle.

102  332 — Sybille de Cumes, d'après le Dominiquin.
     Très-belle épreuve avant la lettre.

18   333 — Sibilla samia, d'après le Guerchin.
     Très-belle.

### PERFETTI et BRUNO.

3    334 — Deux Sybilles, d'après le Dominiquin.
     Belles.

### PESNE (Jean).

40   335 — Les sept Sacrements, d'après le Poussin.
     Belles épreuves.

### POILLY (F.).

6    336 — Louis XIV assis sur son trône.

     L'Archange Michel combattant contre le démon.
     Sujets de Thèses. Deux très-grandes pièces en hauteur.

### POILLY (Nicolas).

25   337 — Bullion, contrôleur des finances, d'après P. de
          Champaigne.
     Très-belle épreuve.

### PORPORATI (Charles).

41   338 — Le bain de Léda, d'après le Corrège.
     Superbe et très-rare épreuve avant la lettre, sur papier de Chine non
     collé.

# REMBRANDT.

330 — Portrait de Rembrandt aux cheveux crépus (1). 9
   Portrait de Rembrandt aux trois moustaches (1).

2 pièces. Belles épreuves.

340 — Portrait de Rembrandt avec le bonnet fourré et *18*
   l'habit noir (6).

Très-belle épreuve. Extrémement rare.

341 — Portrait de Rembrandt aux cheveux hérissés *13*
   (8).
   Portrait de Rembrandt aux yeux chargés de noir (9).

Deux pièces. Belles épreuves.

342 — Portrait de Rembrandt à la bouche ouverte (13). *34*

Très-rare épreuve de la grande planche.

   Le même portrait, la planche réduite.

2 pièces. Belles épreuves.

343 — Portrait de Rembrandt à bonnet et robe fourrée *9.50*
   (14).
   Portrait de Rembrandt au bonnet orné d'une plume (20).

2 pièces.

344 — Portrait de Rembrandt dessinant (22). *5.50*
   Portrait de Rembrandt en ovale. (23.)
   Portrait de Rembrandt à cheveux courts et frisés. (26.)

3 pièces.

64    345 — La Circoncision (48).
                Présentation au Temple. (51.)
                Fuite en Égypte. (52.)
                Jésus en croix entre les deux larrons (70.)

    4 pièces.

9    346 — Les Musiciens ambulants. (110.)
                Le petit Orfèvre. (123.)

    2 pièces. Belles épreuves.

5.50    347 — Synagogue des Juifs. (126.)
                Le Dessinateur. (130.)

    2 pièces. Belles épreuves.

2.50    348 — Le Paysan avec femme et enfants. (131.)
                Homme à cheval. (139.)

    2 pièces.

7.50    349 — Figure polonaise. (140.)
                Gueux debout. (162.)

    2 pièces.

3.50    350 — Gueux et gueuse. (164.)
                La femme avec la calebasse. (168.)
                Gueux assis au bas d'un mur. (178.)

    3 pièces. Belles épreuves.

15    351 — Vénus au bain. (201.)
                Négresse couchée. (205.)

    2 pièces.

12.50    352 — Homme sous une treille. (257).

    Morceau rare. Belle épreuve.

353 — Faustus. (270.)
Belle épreuve.                                                    6.50

354 — Vieillard à grande barbe et tête chauve. (291.)
         Vieillard à tête chauve. (298.)
         Tête d'homme chauve. (294.)                30
  3 pièces.

355 — Tête d'homme de face. (304.)                                4.50
         Homme à bouche de travers. (305.)
         Homme faisant la moue. (308.)
  3 pièces.

356 — Homme avec chapeau à grands bords. (311.)
         Homme avec trois crocs. (319.)              50
         Tête de face et riante. (316.)
         Tête grotesque. (326.)
        Cette dernière assez rare.
  4 pièces. Belles épreuves.

357 — Femme coiffée en cheveux. (347.)
         Mauresse blanche. (357.)                   21
         Tête de femme. (358.)
  3 pièces. Belles épreuves.

## RIEDEL.

358 — Les sept Sacrements, d'après l'Espagnolet.
Belles épreuves.                                                  9

## RIVERA (G.).

359 — La Flora di Tiziano.
Très-belle épreuve avant la lettre.                              13.50

360 — Christ au Jardin des Oliviers, d'après André del Sarto.

*B*

Belle.

## ROSASPINA.

361 — Le Jugement dernier, d'après Rubens.

*11*

Belle épreuve.

## RICHOMME (J.).

362 — La Galathée, d'après Raphaël.

*20*

Belle et ancienne épreuve.

## RUBENS (D'après).

363 — Melchisedech et Abraham, par Witdouc. Hérodiade par S.-A. Bolswert.

*9.50*

2 pièces. Très-belles.

## SAUNDERS (G.).

364 — Le portrait d'André del Sarto, d'après lui-même.

*3.50*

Le portrait de Canova.

2 pièces.

## SCHMIDT.

365 — Philippe V, roi d'Espagne. Hyacinthe Rigaud, par Drevet.

*4.50*

2 pièces.

366 — Tour (de la), peintre de portraits, d'après lui-même.

*30*

Très-belle épreuve.

## SCHMIDT (J. F.).

367 — La présentation au Temple.

Très-belle épreuve.  5

## SCHUPPEN (Pierre Van).

368 — Michel Letellier, d'ap. Nanteuil.

Très-belle épreuve.  4.50

## SHARP (William).

369 — La sorcière d'Endor.
Saint Jean prêchant dans le désert.  15
Paysans allant au marché.
Ces deux dernières par **J. Brown.**

3 pièces.

370 — Les Pères de l'Église, d'après Guido Reni.

Belle épreuve.  10

## STEINLA (M.).

371 — Le Christ descendu de la Croix, d'après Fra-
Bartholomeo.  30

Très-belle.

372 — La Vierge dite la sainte Mère de Dieu, d'ap.
Holbein.  50

Très-belle épreuve.

## STRANGE.

373 — Laomédon, d'ap. Salvator Rosa.  5

Très-belle épreuve.

4

374 - Vénus habillée par les Grâces.

*11.50*  L'Amour dormant.

Deux pièces d'ap. le Guide.

César répudiant Pompéia, d'ap. P. de Cortone.

Belles épreuves.

*6.50*  375 — Jésus enfant tenant la couronne d'épines, d'ap. Murillo.

Belle épreuve.

*14*  376 — Parce somnum rumpere, Te Deum Laudamus.

2 pièces. Belles épreuves.

*9*  377 — Sainte Marie Madeleine, d'ap. le Guide.

Très-belle épreuve.

*5*  378 — Le retour du marché, d'ap. Wouvermans.

Belle épreuve.

*8*  379 — Madeleine et Cléopâtre, d'ap. le Guide.

2 pièces. Belles épreuves.

*5.50*  380 — Didon sur son bûcher, d'ap. le Guerchin.

Belle épreuve.

*28*  381 — La Vierge, saint Jérôme et sainte Madeleine, dit le saint Jérôme du Corrège.

Très-belle épreuve.

282 — Cupidon, d'ap. Schidone.

L'Amitié, d'ap. le Parmesan.

2 pièces. Très-belles épreuves.

*9*

383 — La Justice et la Douceur, d'ap. Raphaël. *12*

2 pièces. Très-belles épreuves.

384 — Vénus bandant les yeux à l'Amour, d'après le
     Titien. *9.50*

Joseph et Putiphar, d'ap. le Guide.

2 pièces. Belles épreuves.

385 — Cléopâtre et la Fortune, d'ap. le Guide. *21*

2 pièces. Très-belles épreuves.

386 — Vénus et Danaé, d'ap. le Titien. *30*

Très-belles épreuves.

387 — Sainte Cécile, d'ap. Raphaël. *19*

Très-belle épreuve.

### SUYDEROEF (J.).

388 — La paix de Munster, d'ap. Terburg. *10*

Belle épreuve.

389 — Le coup de couteau, d'ap. Terburg. *5*

Très-belle épreuve.

## TOSCHI (P.).

120 390 — Le Spasimo di Sicila, d'ap. Raphaël.

Première épreuve de souscription.

80 391 — La descente de croix, d'ap. de Volterre.

Belle épreuve de souscription.

26 392 — Madona della Tenda, d'ap. Raphaël.

Très-belle.

## VISSCHER (Corneille).

8 393 — La Bohémienne.

Très-belle épreuve avec l'adresse de Clément Jongae.

## VISSCHER (Jean).

10.50 394 — Le Dévideur et scène de cabaret, d'ap. Ostade.

2 pièces. Très-belles épreuves.

## WILLE (J.-G.).

6.50 395 — Le petit Physicien et la bonne femme de Normandie.

Superbes épreuves.

12 396 — La tante de Gérard Dow, d'ap. lui-même.

Très-belle épreuve avant la lettre.

397 — Le prince de Galles, d'après Tocqué.          5

Belle.

398 — Quesnoy (François), d'après Chevalier.
Fouquet de Belle-Isle, d'ap. Rigaud.          8

2 pièces. Belles.

399 — Le maréchal de Saxe, d'ap. Rigaud.          5

Belle épreuve.

## WOOLETT (WILLIAM).

400 — Macbeth, d'ap. Zuccarelli.          65

Très-belle épreuve avant la lettre.

401 — Le combat de la Hogue, d'ap. B. West.          24

Belle.

402 — Le chien d'arrêt, d'ap. Stubbs.          26

Très-belle épreuve.

403 — Jacob et Laban (dit le Grand-Pont), d'ap. Cl.
le Lorrain.          21

Belle épreuve.

404 — Deux paysages, d'ap. Smith de Chichester, dits
les Grands prix.          19

Belles épreuves.

405 — La pêche, d'ap. W. Wright.          25

Très-belle épreuve, dite aux Eaux bleues.

20

406 — Les édifices romains en ruines, d'ap. Cl. Le Lorrain, et la Solitude, d'ap. Wilson.

## ZULIANI (F.).

15.50

407 — Martyr de saint Pierre, d'ap. le Titien.

Épreuve lettres grises.

Renou et Maulde, Imprimeurs de la Compagnie des Commissaires-Priseurs, rue de Rivoli, 144.                8714

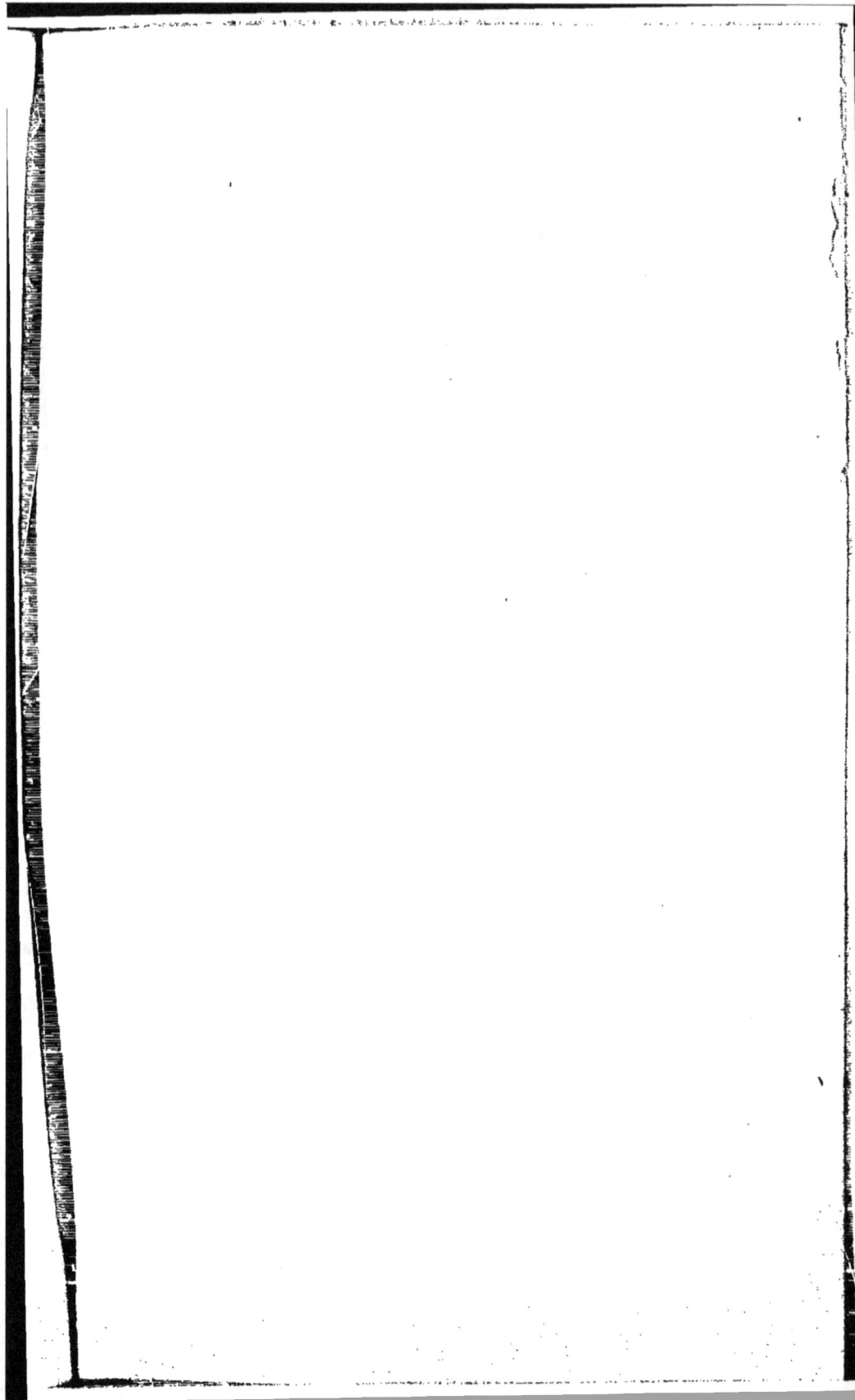

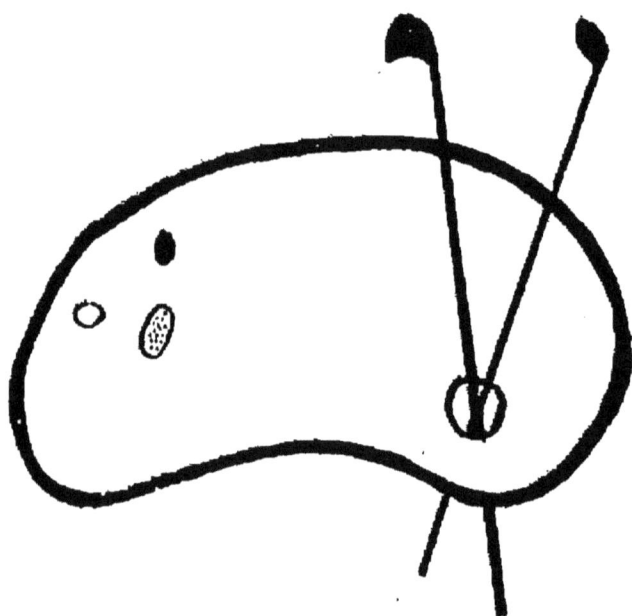

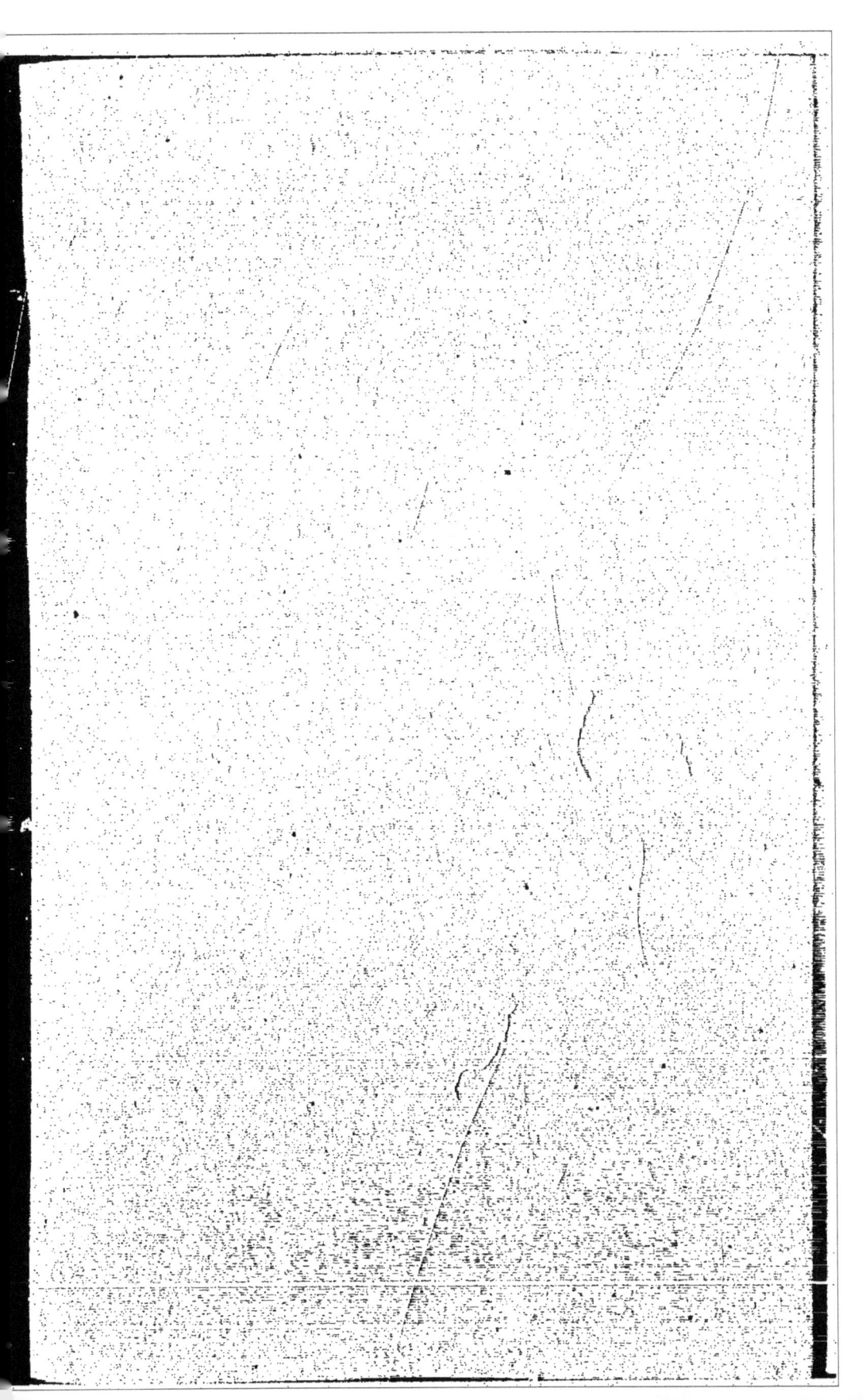

www.ingramcontent.com/pod-product-compliance
Lightning Source LLC
Chambersburg PA
CBHW070940280326
41934CB00009B/1955